질문하는 인권 사전

질문 ? 하는 사전 시리즈 ④

장덕현 글

질문하는 인권 사전

간장 그림

풀낫

사람이 사람답게
살 수 있는 권리, 인권

인권이란 말은 많이 쓰지만, 어른들 중에서도 인권을 정확하게 이해하고 설명할 수 있는 사람은 많지 않을 거예요. 어른 대부분도 인권이 무엇인지, 인권이 없으면 어떻게 되는지 배울 기회가 거의 없었거든요. 지금의 어른들이 여러분처럼 학교를 다녔을 때는 학교에서 인권이 무엇인지 알려 주지 않았을 뿐더러 그때는 '인권'이란 말을 잘 쓰지도 않았어요. 우리 사회가 인권을 중요한 가치라고 여기고, 예전에는 문제라고 생각하지 못했던 것들을 인권의 눈으로 바라보기 시작한 것도 비교적 최근의 일이랍니다.

인권은 말 그대로 '사람의 권리'라는 뜻인데, 우리가 지금 당연하다고 생각하는 대부분의 것들이 사실 인권 덕분에 가능한 일들이에요. 깨끗한 물과 음식을 먹을 권리, 학교에 다니고 공부를 할 수 있는 권리, 마음 편하게 화장실에 갈 수 있는 권리, 대통령·국회의원·시장을 직접 뽑을 수 있는 권리 등 지금은 누구에게나 당연하다고 생각되는 것들이 옛날에는 불가능했어요.

옛날엔 그게 인권이라고 생각조차 못 했거나 권력을 가진 소수의 사람들이 그 권리를 독점했거든요. 인권은 수많은 사람들이 공정하고 평등한 권리를 얻기 위해 목소리 높여 싸워서 얻어 낸 '모두의 권리'이자 나의 권리랍니다.

인권이 지켜지는 세상에서 더불어 함께 살기 위해서는 먼저 나에게 어떤 권리가 있는지 잘 이해하는 게 중요해요. 그리고 더 중요한 것은, 내가 아닌 다른 모든 사람에게도 나와 똑같은 권리가 있다는 것을 알고 서로 그것을 존중하는 것이에요. 상대방이 나에게 잘 대하길 바란다면 나도 상대방에게 좋은 행동과 좋은 말로 대해야겠죠? 인권도 다르지 않답니다.

우리 모두가 행복하게 살기 위해 꼭 필요한 최소한의 약속이 바로 인권이란 점을 기억하세요.

장덕현

차례

인권이 무엇일까? …… 8

인권이 발명된 것이라고? …… 10
세계 인권 선언은 언제 생겼을까? …… 14
세계 인권 선언이 무엇일까? …… 18
나에겐 어떤 권리가 있을까? …… 22

어린이의 권리를 지키자 …… 26

왜 전쟁에서 어린이들이 더 많이 희생될까? …… 28
어린이가 일해서 물건을 만든다고? …… 32
학교에 가는 것이 왜 중요할까? …… 36
깨끗한 물, 좋은 음식이 어린이의 권리에 미치는 영향은? …… 40
사랑의 매는 없다고? …… 44

인권 침해를 당하는 사람들 …… 48

장애를 가진 사람들은 어떤 차별을 겪을까? …… 50

난민들이 겪는 고통이 얼마나 심각할까? …… 54

여자라는 이유만으로 차별받는다고? …… 58

남자와 여자가 서로 좋아하는 것만 사랑이 아니라고? …… 62

인권의 승리 …… 66

남자끼리, 여자끼리 하는 결혼이 있다고? …… 68

'백인' 전용 자리에 앉으면 체포되는 법이 있다고? …… 72

여자는 운전을 못 하게 했다고? …… 76

사형과 고문이 왜 사라져야 할까? …… 80

인권을 위해 우리가 할 일 …… 84

인권에 대해 잘못 알려진 오해들이 있다고? …… 86

'개인으로 불릴 권리'란? …… 90

코로나 시대, 인권이 위협받는다고? …… 94

기후 변화와 인권이 무슨 상관이 있지? …… 98

어린이가 인권을 위해 할 수 있는 일은? …… 102

인권이 무엇일까?

**인권이 무엇인지,
왜 중요한지 어린이만
배워야 하는 것은 아니야.**

회사에서도, 병원에서도, 학교에서도,
경찰, 공무원, 군인에게도 인권 교육의 중요성이 강조되고,
그래서 실제로 교육이 이뤄지고 있어.

그만큼 모두가 인권을 중요하게 여기는 것 같은데,
이상하게
인권 침해 사건은 끊임없이 일어나고 있어.

**걸으로는 인권에 찬성한다고 말하면서도,
막상 실제로 하는 행동이나 생각은
인권에 반대되는 모습을 가진 사람도 많아.**

예를 들어 난민을 보호해야 한다는 데에는 동의하지만,
막상 우리나라에 난민이 온다고 하면 반대하는 사람이 있어.
'차별은 옳지 않지만 차별받아도 되는 사람도 있다.'라는
모순되는 말을 하는 사람들도 있어.

인권에 대해 부정적으로 생각하는 사람들도 있어.
인권이 뜬구름 잡는 것처럼 막연하거나,
팍팍한 현실을 모르는 꿈같은 얘기, 또는 나와 상관없는 사회적 약자들만
보호해 주는 것이라고 여기는 경우도 많아.
이런 일들은 인권을 실제 삶과 연결하지 못하거나,
인권을 잘못 이해하고 있거나, 자기 편한 대로만 해석해서 벌어지는 일이야.

그만큼
**인권이 무엇인지
제대로 알 기회가 없는 것도 사실이야.**

**인권이 나의 삶에 왜 중요한지,
더 나아가 내 가족,
우리 사회, 우리나라, 인류 전체에
어떤 영향을 미치는지 이해하고
인권의 눈으로 세계를
바라보는 사람이 늘어난다면,
그만큼 세상은 더 좋은 곳이 될 거야.**

**인권을 알기 위한 가장 첫 걸음은
바로 세계 인권 선언에 대해
아는 것이야.**

인권이
발명된 것이라고?

인권이 발명되었다니,
인권이 전구나 스마트폰 같은
발명품도 아닌데 무슨 뜻일까?

'천부 인권'이라는 말은
'인권은 하늘이 내려 준 것'이라는 말이야.
사람으로 태어나면 누구나 자연스럽게
갖는 권리라며 쓴 표현이야.

이 말 때문에 인권이 오래전부터
존재하던 개념이라고 오해하기 쉬운데,
오늘날 얘기하는 인권은 전혀 달라.

현대의 인권은 하늘,
즉 신이 내려 준 권리가 아니라
인간의 이성과 양심, 존엄, 자유, 평등,
우애의 정신으로 사람이 만들어 낸 것이거든.

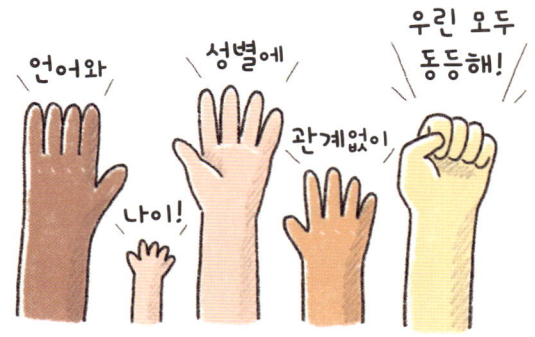

인권을 한마디로 설명하자면
'모든 사람이 차별 없이 누리는 권리'라고
말할 수 있어.

권리는 법으로 정리되고
보호를 받아야만 잘 지켜질 수 있기 때문에
인권은 법과 밀접한 관련이 있어.

그래서 인권은 어느 날 갑자기 하늘이 내려 준
선물이 아니라, 사람들 사이의 법적인 합의,
그것도 전 세계가 모두 지키기로 한
국제법의 성격을 갖고 있어.

그리고 그 법의 토대를 이루는 것이
세계 인권 선언이야.

그렇기 때문에 세계 인권 선언을
발명품이라고 부를 수 있어.
더 좋은 세상을 위해 전에 없던 것을
만들어 낸 것이거든.

그 전까지 권리는 소수만 갖는 특권이었어.
프랑스 혁명의 결과로 탄생한
'인간과 시민의 권리 선언'도
부유한 백인 남자만 누릴 수 있었어.

세계 인권 선언을 보다 정확히 번역하면
'인권의 보편 선언'이라고 할 수 있어.
보편이란 차별이나 구분 없이
모두를 포함한다는 뜻이야.

인권(Human Rights)이라는 말을
공식적으로 쓴 것도 세계 인권 선언이 최초야.

그럼 세계 인권 선언은 왜, 어떻게
만들어지게 된 걸까?

세계 인권 선언은 언제 생겼을까?

세계 인권 선언이 만들어진 직접적인 계기는
모순적이게도 전쟁 때문이야.
어쩌다 전쟁 때문에 인권이 생겨난 걸까?

제1차 세계 대전(1914년-1918년)과
제2차 세계 대전(1939년-1945년)은
이전 전쟁들과는 차원이 달랐어.

무기가 발달하면서
더 많은 사람을 '쉽게' 죽일 수 있었고,

도시에서 전투가 벌어지면서
군인보다 훨씬 더 많은 수의 민간인들이
폭격, 전염병, 굶주림 등으로 목숨을 잃었지.

민간인은 어린아이, 노인뿐 아니라
의사, 선생님 등 군인이 아닌
모든 평범한 시민들인데,
이런 사람들이 군인보다 더 많이 희생된 거야.

특히 제2차 세계 대전은 정말 너무나 끔찍했어.
서로를 죽이기 위해서라면
온갖 잔인한 짓도 서슴지 않았거든.

독일의 히틀러가 이끈 나치는
유태인과 장애인, 성 소수자 등을
독가스실에 몰아넣고 잔인하게 죽여 버렸어.

일본군은 우리나라 여성들을
강제로 전쟁터로 끌고 다니면서
성폭행하는 만행을 저질렀지.

영국군과 미국군도 독일 드레스덴이라는
도시를 폭격해서 수많은 민간인을
불태워 죽였어.

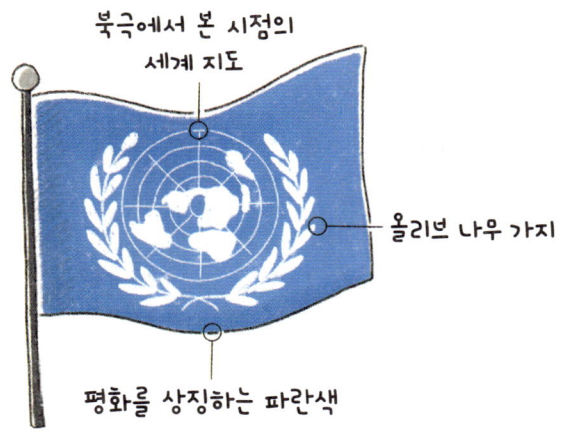

전쟁이 끝난 후, 사람들은 이렇게 싸우다가는 인류 전체가 멸망하겠다고 생각했어. 그래서 평화와 안전을 지키기 위해 유엔(UN)을 만들었지.

끔찍한 참상을 되풀이하지 않기 위해, 사람의 가치와 존엄성을 훼손하지 않기 위해

반드시 지켜져야 할 권리를 30개 조항으로 정리한 세계 인권 선언문을 만들어서 유엔에서 1948년 12월 10일 채택했어.

바로 이 세계 인권 선언이 오늘날 우리가 말하는 인권의 근본이자 기준이 되는 거야.

세계 인권 선언이 무엇일까?

세계 인권 선언은 모든 곳에 있는
모든 사람에게 똑같은 권리가 있다는 것을
전 세계가 최초로 합의하고 인정한
아주 중요한 선언이야.

세계의 평화와 안전을 위해서
유엔을 만들기는 했지만,
회원국끼리 의견이 엇갈려서 결국
아무것도 못 하게 되는 경우가 너무 많아.

세계 인권 선언이 나왔던 1940년대
당시에도 자유주의 진영의 대표인 미국과
공산주의 진영의 대표인 소련(지금의 러시아)의
사이가 무척 나빴어.

세계 인권 선언이 유엔에서 채택되려면
많은 회원국의 동의를 필요로 했기 때문에

자유주의 나라도, 공산주의 나라도
반대하지 않도록 아주 세심하게 신경 써서
만들어야만 했어.

그래서 선언문에 들어가는 문장과 단어 하나하나를 정하려고 1946년부터 1948년까지 3년 동안 무려 187번의 회의와 1,400번의 투표를 했다고 해.

이러한 엄청난 노력과 공을 들인 끝에, 당시 58개였던 유엔 회원국 중에 단 한 나라의 반대도 없이 세계 인권 선언이 통과된 거야. 대단한 일이지?

정치, 경제, 사회, 문화, 종교적 배경이 나라마다 모두 다를지라도, 사람이기 때문에 갖는 최소한의 권리를 세계 인권 선언에 그만큼 훌륭하게 담았다는 뜻이야.

세계 인권 선언에 따라 모든 나라의 정부는 누구나 차별 없이 인권을 누릴 수 있도록 보호하고 증진해야 하는 의무가 생겼어.

세계 인권 선언은 500개가 넘는 언어로 번역되고 전 세계 수많은 국가의 헌법, 국제 인권법과 모든 인권 활동의 토대가 되었어.

가끔 어떤 사람들이나 어떤 정부는 아무것에나 인권을 엉터리로 갖다 붙이며 억지를 부리는 일이 있는데

세계 인권 선언은 무엇이 인권적으로 옳고 그른 일인지, 인권과 관계 있는 일인지 아닌지 알 수 있는 중요한 기준이 되는 거야.

세계 인권 선언이 채택된 12월 10일은 세계 인권의 날로 매년 기념하고 있어.

나에겐 어떤 권리가 있을까?

나의 권리는 누가 알아서
지켜 주길 바라는 것이 아니라
나 스스로 가장 관심을 가지고 지켜야 해.

나에게 어떤 권리가 있는지 아는 것은 매우 중요해. 누군가 나의 인권을 위협하고 침해하려 할 때

그게 마땅히 보호받아야 할 인권이란 것을 스스로 알지 못하면 도움을 청하기도 어려울 거야.

세계 인권 선언은 선언문과 30개의 조항으로 이루어져 있어. 나에게 어떤 권리가 있는지는 기억해 두자. 몇 가지만 살펴볼까?

모든 사람은 피부색, 성별, 언어, 돈의 많고 적음 등 그 어떤 것의 구분도 없이 법 앞에 평등하고 똑같은 권리와 자유를 누릴 자격이 있어.(1조, 2조, 6조)

나에겐 누군가의 노예가 되거나
강제로 일을 하지 않을 권리가 있고(4조)

나는 학교에서 좋은 교육을 받을
권리가 있어.(26조)

나는 충분히 쉬고 놀 권리도 있어.
노는 것도 어린이의 권리야!
(아동 권리 협약 31조)

나는 자유롭게 생각하고,
말하고, 표현하고, 이동할 자유가 있어.
(13조, 18조, 19조)

이런 권리는 나뿐만 아니라
모든 사람이 가지고 있기 때문에

다른 사람의 권리와 자유를
해치는 식으로 해석하고 행동하는 것은
안 된다는 것도 기억해야 해.(30조)

우리는 같은 공동체에 속해 있기 때문에,
다른 사람의 인권도 나의 인권처럼
존중해야 할 책임이 있는 거야.(29조)

세계 인권 선언이 세상에 나온 지
70년이 지났기 때문에 지금 시대에 맞춰서
변화가 필요한 부분이 있을 거야.
무엇이 있을지 생각해 보자!

어린이의 권리를 지키자

**보호받아 마땅한 인권이
무시당하고 공격받는 것을
인권 침해라고 해.**

**특히 어린이들은
인권 침해를 당하기가 너무 쉬워.**

어린이가 어른보다 약하다는 점을 이용해
어린이들을 함부로 대하는 나쁜 어른들도 있어.
어린이는 전쟁이나 자연재해 같은 큰 위험이 닥쳤을 때
어른보다 훨씬 더 큰 위험에 빠질 수도 있어.

그래서 유엔은
어린이 인권을 보호하려고 **'유엔아동권리협약'** 이라는,
모든 어린이가 어른으로 건강하게 성장할 때까지
안전하게 보호받을 권리를 **54개의 조항**으로 정리했어.

**우리나라를 포함한
전 세계 196개국 거의 모든 나라가 이 협약에 가입하여
어린이를 보호하겠다고 약속했어.**

이 약속이 잘 지켜질 수 있도록 모두의 노력이 필요해.

왜 전쟁에서 어린이들이 더 많이 희생될까?

전쟁은 어른들이 일으키는데,
전쟁으로 가장 고통받는 사람은 어린이들이야.
왜 그럴까?

전쟁이 나면 그곳에 살고 있는 어린이들은 여러 치명적인 인권 침해 위험에 노출돼.

무시무시한 무기들, 폭탄, 미사일, 총 때문에 죽거나 다치는 일은 말할 것도 없고

전쟁에 강제로 끌려가서 총을 들고 전투를 하거나, 짐꾼이 되거나, 요리 등 허드렛일을 하는 '어린이 병사' 문제도 심각해.

'어린이 병사'로 쓰려고 아이들을 납치하기도 해. 특히 여자아이들은 전쟁 성범죄에 희생될 위험이 많아.

우리나라가 일본의 식민 지배를 당하던 시기에 강제로 끌려갔던 할머니들도 당시에는 10대 소녀들이었어.

전쟁이 나면 건물과 시설 대부분이 파괴되어서 깨끗한 음식과 물을 구하기가 거의 불가능해.

그래서 굶주리거나 병에 걸리기 쉽지만, 병원도 파괴되기 때문에 치료받을 수도 없어.

부모가 죽거나 다치거나, 부모를 잃어버리기도 쉬워. 부모님이 돌아가시는 걸 목격하는 어린아이도 있어.

전쟁이 벌어지는 곳에 산다면
하루하루가 무섭고 끔찍할 거야.
겨우 살아남는다 해도 정신적으로
큰 스트레스를 받을 수밖에 없어.

오늘날 이렇게 위험한 전쟁 지역에
살고 있는 아이들이 무려 4억 명이 넘어.

최근 몇 년 동안 전쟁으로 죽은
다섯 살 미만의 어린이는 87만 명이나 되는데,
이건 같은 기간 죽은 군인의 다섯 배가 넘는 거야.

전쟁으로부터 어린이를 보호하려면
어떻게 해야 할까?
어떻게 해야 전쟁을 막을 수 있을까?

어린이가 일해서 물건을 만든다고?

놀지도 못하고, 학교에 가지도 못하고
하루종일 힘든 일을 해야 한다면 어떨 것 같아?

만 열세 살 이하 어린이는
노동해서는 안 돼. 어린이는 맘껏 놀고
배우고 성장해야 하거든.

그런데 아이들이 가난하다는 이유로
일하는 문제를 아동 노동이라고 말해.

다섯 살에 불과한 아이들이
하루 종일 일하고 천 원도 안 되는
돈을 받고 일하는데…

어린이에게 푼돈을 주고 싸게 부려 먹고,
그 덕분에 아낀 생산 비용으로
기업이 큰 이득을 챙기는, 아주 나쁘고
비열한 인권 침해 문제야.

놀랍게도, 우리가 생활 속에서 쓰는 아주 많은 물건이 아동 노동으로 만들어졌을지도 몰라.

치약, 샴푸 등에 들어가는 팜유와 초콜릿에 넣는 카카오, 커피와 바나나 등의 농장에서 일하는 아이들이 있어.

전기 차와 스마트폰에 들어가는 배터리를 만드는 데 쓰는 코발트라는 재료와 다이아몬드를 캐기 위해 위험한 광산에서 일하는 아이들도 있어.

값싼 옷과 신발을 만드는 데에 동원되어 공장에서 일하는 아이들도 있지.

이런 일들은 힘들 뿐만 아니라
아주 위험하고 작업 환경도 열악해서
아이들은 쉽게 다치거나 죽을 수도 있어.

이런 식으로 종일 일하는 아이들이
세계에 1억 6천 명이 넘어.
우리나라 인구의 세 배가 넘는 거야.

문제의 심각성을 뒤늦게 인식한 나라들은
생산 과정에 인권 문제가 있으면
벌금을 물리고 물건을 팔지 못하게 하는
법을 도입하기 시작했어.

아동 노동이 사라지게 하기 위해
우리가 할 수 있는 일은 무엇이 있을까?

학교에 가는 것이 왜 중요할까?

모든 아이들은 자신의 재능을 발전시키고
꿈을 꾸기 위해 충분히 좋은 교육을 받아야만 해.

동등하게 교육받을 권리는 어린이의
인권 중에서도 아주아주 중요해.

좋은 교육을 받지 못한다면,
어른이 되어서 자신이 원하는 삶을
살 수 있는 기회가 훨씬 적어져.

그런데 학교에 아예 가지 못하는
아이들은 세계에 2억 6천만 명이나 있어.
전 세계 아이들 여섯 명 중 한 명꼴로
학교에 못 가는 거야.

너무 많은 아이들이 교육을
받지 못하고 있어. 아동 노동 때문에,
언어가 다른 소수 민족이라서,
장애가 있는데 접근이 어려워서,

소외된 지역이라 학교나 선생님이
아예 없거나, 있다 해도 책상과 의자,
화장실 등 시설이 충분하지 않거나
형편없는 경우도 많아.

전쟁 지역의 아이들도 학교에 갈 수 없어.
학교가 공격받고 파괴되거나,
군인들에게 점령되기 때문이야.

여자아이는 배울 필요가 없다고 생각하는
사람도 많아서, 초등학교에 가지 못하는
여자아이의 숫자는 남자아이의 1.5배나 돼.

여자아이들이 학교에 가지 못하는
이유 중에 하나는 조혼이라는 문제도 있는데,
어른이 되기 전에 너무 빨리 결혼하는 거야.

열여덟 살이 되기도 전에
결혼한 여자아이는 7억 명이 넘는데

원하지 않는 상대거나, 나이가 많은
남자거나, 전쟁 지역의 전투원 등과
강제로 결혼하는 경우가
대부분이라 문제가 더 심각해.

너무 어린 몸으로 원하지 않는
임신을 했기 때문에 아기를 낳다가
죽는 경우도 있어.

가난해도, 전쟁터에서도, 장애와
성별과 상관없이, 그 어떤 경우에도
모든 아이들은 학교에서 친구들과 어울리고
선생님에게 배울 기회를 받아야만 해.

깨끗한 물, 좋은 음식이 어린이의 권리에 미치는 영향은?

어린이는 잘 먹고 충분히 영양을 섭취해서
아프지 말고 건강하게 커야 해.
이것도 어린이의 권리야!

제대로 된 음식을 먹지 못해서
영양실조에 걸리는 아이가 얼마나 될까?
무려 1억 5천 명이 넘어.

깨끗한 물로 씻고 마실 수 없으면
병에 걸리기도 쉬워.

폐렴, 말라리아, 홍역, 설사 같은 병으로
죽는 아기들이 많은데 특히 폐렴은
가장 많은 아이들의 목숨을 빼앗는 전염병이야.

폐렴 백신은 만 원, 치료제는 500원 정도에
불과한데도, 매년 100만 명의 아이들이
폐렴으로 죽어 가고 있어.

병원에 잘 다니면서 예방하고
치료받으면 나을 수 있는데, 그러지 못해서
다섯 살이 되기도 전에 죽는 어린아이가
매년 약 6백만 명에 달해.

전쟁이 어린이에게 더 가혹하다고 했지?
자연재해와 재난도 마찬가지야.

지진, 가뭄, 화재, 홍수, 태풍, 해일,
전염병 같은 큰 재난이 닥치면
어린이는 어른보다 더 큰 위험에 빠지게 돼.

먹을 것도 물도 모자라고, 치료받기도 어렵고,
안전하게 휴식을 취할 공간도 없잖아.
심지어 가족을 잃어버릴 수도 있어.

그런데 놀랍게도 미국이나 영국처럼
부유한 나라에도 병원에 못 가거나
값싼 음식만 먹는 아이들이 있어.

병원비가 비싸서 아파도 참고,
굶지는 않지만 균형 잡히고 영양가 있는
식사를 하는 것이 아니라 값싼 음식으로
겨우 때우다가 건강을 해치는 거야.

가난은 능력이 뛰어난가 아닌가,
성실한가 게으른가의 문제만은 아니야.
사람들이 돈을 버는 기회와 구조,
방법이 완전히 공평하지는 않거든.

가난하든 풍족하든, 모든 어린이는
생명을 보호받고 건강하게 자랄
권리가 있어.

사랑의 매는 없다고?

2021년, 우리나라는 법을 고쳐서
부모의 자녀 체벌을 금지한
62번째 나라가 되었어.

'사랑의 매'라는 말을 들어 봤어?
부모가 아이를 교육하기 위해
때린다는 뜻이야. '체벌'이라고도 해.

하지만 아무리 부모라고 해도
다른 사람을 때려서 억지로
말을 듣게 하는 것은 잘못된 일이야.

'사랑의 매'라는 말 속에는
아이가 부모의 소유물이라는
생각이 담겨 있어.

누군가의 몸이나 마음을
괴롭히고 못살게 구는 것을 '학대'라고 해.
아이들을 학대하는 것은 '아동 학대'라고 해.

아동 학대를 하는 대다수의 부모들이
'사랑의 매'였다고 변명하지만,
사랑해서 때렸다는 건 말이 안 돼.

우리나라에서는 아이들이 굶주리거나
학교에 가지 못하는 일은 거의 사라졌지만
아동 학대 문제는 여전히 심각해.

한 살 밖에 안 된 아기가
부모에게 오랫동안 심하게 맞아서
숨을 거둔 끔찍한 사건이 있었어.

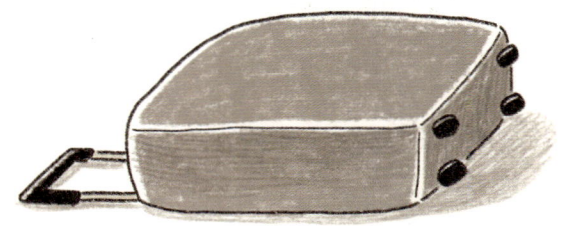

아홉 살 아이가 여행용 가방 안에
열세 시간 이상 갇혔다가
맞아 죽은 일도 있었고.

많은 사람들이 분노하고 슬퍼해도,
이런 아동 학대로 아이들이 다치거나
죽는 일은 끊임없이 계속되고 있어.

때리는 것만 아동 학대는 아니야.
심한 말을 하거나 겁주고
충격을 받게 하는 것도
정서적 학대라고 부르는 아동 학대야.

밥은 제대로 먹는지, 다른 문제는 없는지,
제대로 관심 갖고 살피지 않는 것도
방임이라고 부르는 아동 학대의 한 종류야.

아동 학대를 없애기 위해선,
어리다고 함부로 해도 된다는
잘못된 생각이 바뀌어야만 해.

인권 침해를 당하는 사람들

절대 그러면 안 되지만,
덩치가 작고 힘이 약하다고 얕잡아 보고 무시하는 경우가 있잖아.
사회에서도 숫자가 적거나, 가난하거나,
힘이 없는 사람들이 **인권 침해**를 당하기 더 쉬워.

이런 사람들을 '**사회적 소수자**' 또는
'**사회적 약자**'라고 부르기도 해.

'사회적 소수자'는
단순히 사람 숫자가 적은 집단을 뜻하는 것은 아니야.

**사회에서 갖는 영향력이 작아서
그 사람들의 목소리가 관심받지 못하거나
무시당해서 차별받기 쉬운 사람들이야.**

온·오프라인 혐오 표현의 대상을 보면
현재 우리나라에서 소수자가
누구인지를 확인할 수 있어.

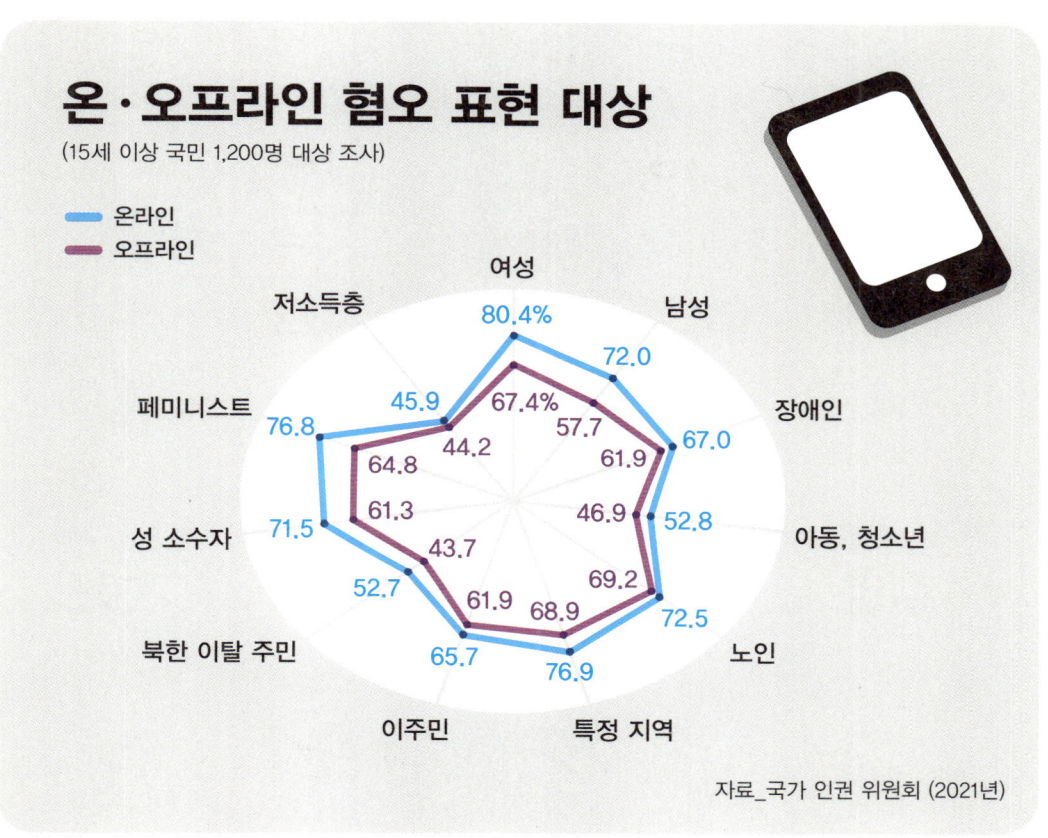

대표적인 사회적 소수자로는 이런 사람들이 있어.

어린이, 장애인, 난민과 이주민, 여성, 성 소수자.

우리는 앞서 어린이들에게 어떤 권리가 있는지,
어떤 인권 침해를 당하기 쉬운지 살펴봤어.
무슨 문제가 있는지 알아야 해결도 할 수 있겠지?
어린이 외에 어떤 사람들이 인권 침해로 고통받는지 알아보자.

장애를 가진 사람들은 어떤 차별을 겪을까?

아무도 장애인을 차별해도 된다고
말하진 않지만 우리가 보지 못하는
장애인 차별은 너무 많아.

시각 장애인 안내견을 본 적 있어?

안내견은 앞을 볼 수 없는 시각 장애인과 함께 하루 종일 붙어 다니며 말 그대로 시각 장애인의 '눈'과 같은 존재가 되어 주잖아.

그렇기 때문에 안내견은 다른 반려견과는 달리 사람이 가는 모든 장소에 들어갈 수 있도록 법으로 정해져 있어.

하지만 서울의 한 대형 마트에서 안내견 교육을 받던 강아지가 출입을 거부당한 일이 생겼는데,

이 일이 알려지면서 평소 시각 장애인들이 얼마나 차별받으며 큰 불편을 겪고 있는지 알려지게 되었어.

한 뉴스에서는 시각 장애인과 안내견의 하루 일상을 따라다니면서 취재했는데

점심을 먹기 위해 들어간 음식점에서 일곱 번이나 퇴짜를 맞았어.
개는 들어올 수 없다는 이유였어.

사람들의 편견과 무지 때문에 다른 사람들은 겪지 않아도 되는 불편을 평생, 매일 겪어야 하는 셈이야.

장애가 있든 없든, 모든 사람은
똑같은 기회와 편의를 누릴 수 있어야 하지만,
장애인의 현실은 밥 한 끼 먹고
지하철 한 번 타는 것조차 너무 힘들어.

시각 장애인 말고도 다른 다양한
장애인들이 있지? 듣고 말하는 것을
할 수 없는 장애도 있고,
혼자선 걸을 수 없는 장애도 있어.

휠체어를 탄 장애인이 어디든
불편함 없이 갈 수 있고, 청각 장애인이
자유롭게 의사 표현을 할 수 있는 사회가
진정 인권적인 사회라고 할 수 있을 거야.

장애인의 시선으로 도시를 만든다면
지금과 어떤 것들이 달라질까?

난민들이 겪는 고통이 얼마나 심각할까?

어디로 가야 하나….

위험을 피해 태어난 나라를 떠나서
다른 곳으로 급하게 살 곳을 찾아
떠난 사람들을 난민이라고 불러.

난민은 이민과는 달라.
이민은 지금 살고 있는 나라에서도
계속 살 수 있지만, 다른 기회를 찾아서
계획을 세우고 준비해서 떠나는 거야.

난민은 이민과 달리 생존의 문제가
걸려 있어. 떠나지 못하면 말 그대로
죽을 수도 있어서 급하게 떠난 사람들이야.

난민이 되는 데엔 여러 원인이 있어.
가난, 자연재해 때문에 떠나기도 하고
특히 전쟁을 피해 떠난 사람들이 많아.
시리아, 예멘, 우크라이나 난민들이
여기에 해당돼.

종교와 민족이 다르다는 이유로
박해받는 경우도 있어. 미얀마는
로힝야 사람들이 사는 마을에 쳐들어가서
사람들을 마구 죽이고 불태웠어.

나라를 빼앗기고 탄압받아서 도망치듯 떠나기도 해. 탈레반에 빼앗긴 아프가니스탄과 중국이 지배하는 티베트가 그런 경우야.

정부나 권력자를 비판하면 목숨이 위험한 나라도 있어. 민주주의가 제대로 작동하지 않거나 한 사람, 한 정당이 독재하는 나라에서 주로 발생해.

미국의 정보 기관에서 일한 에드워드 스노든은 정부가 시민들을 몰래 감시하고 개인 정보를 불법 수집한다는 것을 폭로하고 다른 나라로 떠나야만 했어.

난민이 된다는 것은 엄청난 위험을 무릅쓰는 거야. 이동도, 정착도, 아무런 안전이 보장되지 않아. 바다에 빠져 죽는 난민, 특히 난민 어린이는 정말 많아.

살아서 도착한다 해도, 난민에 대한
잘못된 편견으로 머무를 곳을 찾기도,
일을 구하기도 힘들어.

세계 인권 선언과 아동 권리 협약에 따르면
난민과 난민 어린이를 잘 받아 주고
보호해 줘야 하지만 많은 나라들이
잘 지키지 않고 외면하거든.

우리나라 사람들도 일본에 식민 지배를 받고,
6.25 전쟁이 났을 때 난민이 되었어.

우리나라의 2020년 난민 인정률은
0.4퍼센트로, 세계 최악의 수준이야.
어려움에 처한 난민들을
외면하는 게 옳은 일일까?

여자라는 이유만으로 차별받는다고?

여자로 태어났다는 이유만으로 겪는
인권 침해는 정말 많아.
이제는 정말 바꿔야만 해.

아프가니스탄에서
여자는 남자의 허락과 동행 없이는
외출할 수 없어.

일을 하거나 공부를 할 수도 없어.
입고 싶은 옷을 마음대로 선택할 수도 없어.

아프가니스탄의 카테라라는 여성은
경찰이 되었는데, 여자가 직업을 가졌다는
이유로 아버지가 괴한들을 시켜 공격해
그만 실명하게 된 끔찍한 일도 있어.

아버지가 허락하지 않은 상대와
사랑에 빠지거나, 심지어는 성폭행을 당했는데
'가문의 명예를 더럽혔다.'며
여성을 살해하는 충격적인 관습도 있어.

미국과 일본, 우리나라 같은 나라도 겉으로는 평등해 보이지만 여전히 눈에 보이지 않는 차별과 폭력, 부당함이 만연해 있어.

미국의 한 유명 게임 회사는 성폭력 피해자인 여성의 사진을 남자 직원들이 돌려 보고 음담패설을 주고 받는 등 성범죄가 빈번했던 걸로 드러났어.

조사 결과 이 회사의 여성들은 남성들에 비해 급여, 승진, 해고에서 수시로 불이익을 받은 것으로도 나타났어.

우리나라도 유명한 은행들이 점수를 조작해서 합격해야 할 여자들을 떨어뜨리고, 점수가 낮은 남자들을 합격시킨 사건이 있었어.

뿐만 아니라 강간, 성추행, 성희롱, 불법 촬영 등의 충격적인 성범죄가 여전히 너무 많이 일어나고 있어.

여성의 동의 없이 영상을 불법 촬영하고 공유한 'N번방' 사건과 '버닝썬' 사건이 대표적이야.

성범죄는 특별히 나쁜 사람들이 저지르는 게 아니야. 연예인, 공무원, 가족, 남자친구, 남편 심지어 판사가 저지른 경우도 있어.

여성을 남성과 똑같은 사람으로, 친구로, 동료로, 시민으로 본다면 과연 이런 일들이 일어날까?

남자와 여자가 서로 좋아하는 것만 사랑이 아니라고?

사랑하는 상대가 이성이 아닌 사람들도 있어.
서로 좋아만 한다면, 다른 문제가 있을까?

여자와 여자, 남자와 남자가 서로 좋아하고 사랑에 빠지는 사람들이 있어.

어떻게 그럴 수 있냐고? 그런 사람들은 우리나라를 포함해 세계 어디에나 있어.

단지 그게 나쁜 것이라고 손가락질하는 잘못된 분위기 때문에 두려워서 잘 드러나지 않을 뿐이야.

남자와 남자가, 여자와 여자가 만나면 욕하는 것으로도 모자라 법으로 처벌하는 나라가 있어. 고문하거나 심한 경우 사형에 처하는 나라도 있어.

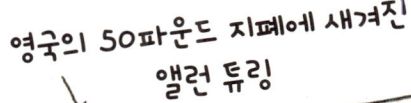

내가 좋아하는 사람을 내 마음대로
정할 수 있어야 할 텐데, 사형당하는 것은
너무 끔찍한 일 아니야?

영국의 과학자 앨런 튜링은
'인공 지능의 아버지'라고 불리는
대단한 사람이야. 최초로 컴퓨터 과학의
기본을 만든 사람도 바로 앨런 튜링이야.

제2차 세계 대전 당시,
나치 독일군의 암호를 해독해서
연합군의 승리를 이끈 전쟁 영웅이기도 해.

그의 삶을 다룬 〈이미테이션 게임〉이라는
영화도 있을 정도야.

앨런 튜링은 천재 과학자이며 전쟁 영웅인 엄청난 사람이었지만 1952년 범죄자로 체포되었어.

그는 남자를 좋아하는 동성애자였고, 당시 영국에서 동성애는 범죄로 취급되었기 때문이야.

결국 그는 스스로 세상을 떠나는 비극적 결말을 맞이하고 말았어.

지금의 영국은 동성애를 차별하는 것이 오히려 불법이야. 누구를 사랑한다는 이유로 차별당해서는 안 된다는 거겠지?

인권의 승리

인권은 곧 투쟁의 역사야.

처음부터 당연하게 주어진 권리는 없다고 했지?
부당함에 저항하는 사람들이 포기하지 않고
끊임없이 싸워서 얻어 내고 향상되는 것이 인권이야.

1908년 3월 8일, 미국 뉴욕의 거리에서는
15만 명의 여성 노동자들이 모여 시위를 벌였어.

시위에 참여한 여성들은 열악한 작업 환경에서 일하다가
화재로 숨진 여성들을 기리면서, **노동 환경 개선**과 **투표권**을 요구했어.

여성들이 겪는 불의를 없애기 위해서
국적에 상관없이 세계의 여성들이 연대해야 한다는 정신으로
3월 8일을 세계 여성의 날로 기념하기 시작했어.

유엔도 1975년부터 3월 8일을
공식적으로 여성의 날로 지정했어.

1880년대 미국 시카고의 노동자들은
하루 열여섯 시간씩 주 6일이라는
너무나도 긴 시간 동안 힘들게 노동했어.

이에 수천 명의 노동자가 모여 하루 여덟 시간 노동을 주장했고
이 파업을 기리려고 1890년 5월 1일에 전 세계 모든 노동자가
여덟 시간 노동을 요구하는 시위를 벌였어.

**그로 인해 오늘날 5월 1일은
노동자의 날이 되었고,
하루 여덟시간 노동이 가능해졌지.**

**1980년대 영국에서는
광산 노동자들의 시위를 동성애자들이
지지하며 후원하는 일이 있었어.**

광산 노동과 동성애는 아무 관련이 없었지만, 정부와 대립하는
노동자들의 모습을 보고 동성애자들이 자신의 모습을 발견하게 된 거야.
광산 노동자들은 매우 보수적이고,
동성애를 혐오하는 사람도 많아서 처음엔 거부감을 가졌어.

하지만 진심을 알게 된 광산 노동자들이 동성애자들의 행진에 동참하기 위해
멀리 웨일스에서 런던까지 달려와서 함께 연대했지.
당시에 동성애 행진에 돌을 던지고 침을 뱉는 등
부정적인 반응이 많았기 때문에 이건 큰 힘이 되었어.
이 이야기는 〈런던 프라이드〉라는 영화로 만들어져 남았어.

**소수자들이 함께 힘을 합치고,
자유와 권리를 위해 포기하지 않고
싸워서 얻어 낸
인권이 승리한 역사들이 있어.**

아직도 바뀌어야 할 문제들이 많지만,
이런 경험들을 통해 우리는 계속 앞으로 나아갈 거야.

남자끼리, 여자끼리 하는 결혼이 있다고?

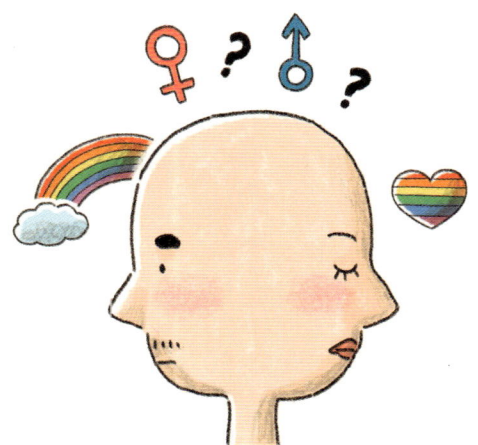

동성을 사랑하거나, 성별을 바꾼 사람들을
'성 소수자'라고 불러.
성 소수자는 여러 차별에 시달리고 있어.

2013년 미국 연방 대법원은 결혼을 '남자와 여자의 결합'으로만 규정한 결혼 보호법이 미국의 헌법 정신에 맞지 않는다고 판결을 내렸어.

이 결정은 여자와 여자, 남자와 남자의 결혼도 나라가 법으로 인정하고 보호해 주겠다는 의미를 갖는 중요한 사건이었어.

그 전에는 미국에서 동성 커플은 세금을 낼 때도, 병원에 갈 때도, 집을 구할 때도 이성 커플이 누리는 혜택을 받을 수 없었거든.

한 연구 결과에 따르면, 놀랍게도 이 결정은 어른뿐만 아니라 청소년에게도 좋은 영향을 끼쳤어.

청소년기는 사춘기를 거치며
내가 어떤 사람인지 정체성을 형성하는
아주 중요한 시기인데,

동성을 좋아하는 청소년은
'혹시 내가 이상하거나 잘못된 것은 아닐까?'
라는 생각으로 정신 건강을 위협받거든.

하지만 나라가 법으로 동성 커플을
똑같이 인정해 준다고 하니,
더 이상 그런 생각이 들지 않는 거지.

다른 사람을 대하는 시선과
사회적 분위기가 얼마나 인권에
큰 영향을 주는지 보여 주는 사례야.

미국만 동성 커플의 결혼을
법으로 인정하는 것은 아니야.

2000년 네덜란드를 시작으로
캐나다, 스페인, 노르웨이, 스웨덴,
영국, 프랑스, 독일, 브라질 등

2020년까지 30개 나라가 법으로
동성 커플의 권리를 이성 커플과
똑같이 인정하게 되었어.

만약 우리나라도 동성 결혼을 인정하면
어떨 것 같아?

'백인' 전용 자리에 앉으면 체포되는 법이 있다고?

사람의 겉모습만 보고 인종으로 구분하고
차별하는 인종주의는 가장 오래되고
널리 퍼져 있는 인권 문제야.

아프리카계 미국인들을 어두운 색의 피부 때문에 '흑인'이라고 불러.

하지만 피부색으로 사람을 구분하는 '백인'이나 '흑인' 같은 말을 쓰다 보면 피부색으로 사람을 차별적으로 대하게 만들기 때문에 좋은 표현은 아니야.

그렇기 때문에 이 책에서는 '흑인' 대신 아프리카계 미국인이라고 표현할게.

아프리카계 미국인들은 대부분 미국 노예 무역으로 아프리카에서 살다 강제로 끌려온 사람들의 후손이야.

미국의 노예 제도가 얼마나 끔찍하고 야만적이었는지는 너무나 잘 알려져 있어.

1865년 미국에서 노예 제도가 폐지되었지만, 아프리카계 미국인들에 대한 차별과 핍박은 그렇게 쉽게 사라지지 않았어.

100년이 지난 1960년대까지도, '백인'이 아닌 사람들은 '백인'과 같은 학교, 도서관, 식당, 카페 심지어는 화장실까지도 사용할 수 없었어.

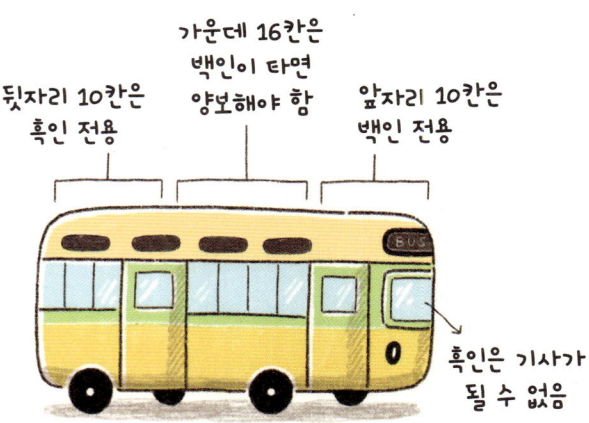

다른 곳과 마찬가지로 버스에도 '백인'과 '흑인'의 자리가 나뉘어 있었어. '백인' 자리에 아프리카계 미국인은 앉을 수 없었어.

아프리카계 미국인인 로자 파크스는 1955년에 '백인'에게 자리를 양보하라는 버스 운전사의 지시를 거부했고 이 때문에 경찰에 체포되었어.

이 용감한 여성의 행동이 알려지자, 많은 아프리카계 미국인과 인종 차별에 반대하는 '백인'들이 버스 이용을 거부하고 걸어 다니는 방법으로 항의했어.

이 운동은 결국 아프리카계 미국인들이 동등한 투표권과 주거권을 가질 수 있도록 하는 법 개정(1964년)을 이루어 냈어.

이때 인권 운동가인 마틴 루터 킹이 한 말이 유명해.
"내 꿈은 자식들이 피부색이 아닌 품성으로 평가받는 나라에서 사는 것입니다."

여자는 운전을 못 하게 했다고?

여자가 남자와 똑같은 권리를
인정받기까지, 세계 곳곳에서 용기 있는
여성들의 용기와 싸움이 있었어.

현대 민주주의를 가장 먼저 시작했다는 영국에서조차, 처음에는 여자에게 투표할 권리를 주지 않았어.

정치라는 중요한 문제를 결정하는 것은 남자만 해야 한다는, 말도 안 되는 차별적인 생각 때문이었어.

여기에 항의하는 여성들의 목소리를 남성들이 들은 척도 하지 않자, 여성들의 시위도 점점 더 격렬해졌어.

투표권을 달라고 국회 의사당에 침입하고, 낙서하고, 불을 지르는 등 소란을 피웠어. 이 때문에 감옥에 갇혀도 여성들의 목소리를 막을 수는 없었어.

결국 1928년, 영국에서 21세 이상 여성도 남성과 똑같이 투표를 할 수 있게 되었어. 이 운동을 '서프러제트'라고 불러.

사우디아라비아는 2015년이 되어서야 처음으로 여자도 투표를 할 수 있게 됐어.

사우디아라비아는 여자의 운전을 법으로 금지한 지구상의 유일한 나라이기도 했어.

여성이 운전할 수 있는 권리를 쟁취하기 위해 사우디아라비아 여성들은 오랫동안 싸웠고 전 세계 여성들은 연대했어.

사우디아라비아 여성의 운전 금지를 해제하라는 시위는 1990년에 처음 시작되었어.

운전을 하거나, 운전을 한 영상을 유튜브에 올리기만 해도 여성들은 감옥에 갇히거나 매를 맞았어.

이러한 위협에도 불구하고 여성들은 굴하지 않고 '여성에게 운전을 (#WOMEN2DRIVE)'이라는 운동을 펼쳤어.

서프러제트도, #WOMEN2DRIVE도 여성들이 쟁취해 낸 인권의 승리야.

사형과 고문이 왜 사라져야 할까?

흉악하고 잔인한 범죄를 저지른 사람들은
고문하고 사형해도 되는 거 아닐까?
왜 안 될까?

우리나라에서 열네 명의 여성이 성폭행당한 후 잔인하게 살해당한 연쇄 살인 사건이 있었어.

이 사건은 범인을 오랫동안 잡지 못해서 〈살인의 추억〉이라는 영화로 만들어지기도 했어.

연쇄 살인 사건 중 한 사건의 범인으로 어떤 남성이 붙잡혔는데, 나중에 알고 보니 진짜 범인은 따로 있었어.

하지만 그 남성은 이미 20년이나 감옥에 억울하게 갇혀 있었고, 진범을 잡아 누명을 벗기까지 32년이라는 세월이 걸렸어.

만약 흉악범이라는 이유로
그 남성에게 사형이 집행되었더라면
어떻게 되었을까?

자신이 저지르지도 않은 죄를
억울하게 뒤집어쓰고 죽게 되었을 거야.
실제로 그런 일은 아주 많았어.

범인을 잡고 죄를 판단하는 것도
모두 사람이 하는 것이기 때문에, 실수나
잘못된 판단으로 억울한 사람이 생길 수 있어.

고문도 마찬가지야. 이 사건의 용의자로
지목된 다른 다섯 명도 고문과 가혹 행위 끝에
억지로 허위 자백하고 정신 분열 등에
시달리다 일찍 세상을 떠나고 말았어.

고문으로 범인을 잡을 수도 없고,
사형을 한다고 범죄율이 낮아지는 것도 아니야.
억울한 사람을 고문하고 죽이면 그 잘못을
돌이키는 것도 불가능해.

다른 이유도 있어. 사형이 가능하다는 것은,
나라가 시민의 목숨을 마음대로
빼앗을 수 있다는 뜻이야.
그건 언제든지 악용될 수 있거든.

우리나라도 민주화가 이뤄지기 전,
정부의 눈 밖에 난 많은 사람들이 억울하게
고문당하고 사형당한 부끄러운 역사가 있어.

고문과 사형은 가장 극단적인
인권 침해로, 반드시 사라져야 해.
전 세계 나라 중 3분의 2가
사형을 폐지했거나 집행하지 않고 있어.

인권을 위해 우리가 할 일

인권은 공기나 물과 같은 것이야.

당연한 것처럼 느껴지지만, 없으면 살 수 없고,
우리가 관심을 가지지 않고 잘 보호하지 않으면
금방 오염되고 망가지고 말 거야.

**인권은 거창한 것이 아니야.
인권은 모든 사람의
권리이기 때문에
우리 바로 옆에 있는 권리이기도 해.**

유엔 인권 위원회의 1대 위원장으로서
세계 인권 선언문을 만드는 데 큰 기여를 한
엘리너 루스벨트는 이렇게 말했어.

"너무 작아서 세계 지도에서 보이지도 않는 곳.
내가 사는 집, 내가 사는 동네,
내가 다니는 학교, 내가 다니는 회사…

이런 작은 곳에서
인권이 지켜지지 못한다면
어떤 곳에서도 의미를 갖지 못한다."

내가 매일 숨 쉬고 생활하는 모든 곳에 인권이 있고,
그 인권들이 다른 곳의 다른 사람들의 인권과 연결되어
서로를 지켜 주는 보호망이 된다는 것을
잘 드러내고 있는 말이야.

**인권은 쓸데없이 예민하고
따분한 것도 아니야.
인권은 우리 모두가 더 행복하게 살기 위해
필요한 최소한이야.**

인권의 가치가
더 존중받는 세상을 위해서
지금 그리고 앞으로 해야 하는 일,
할 수 있는 일들을 생각해 보자.

인권에 대해 잘못 알려진 오해들이 있다고?

인권이 뭔지 잘 알지도 못하면서
잘못 알고 떠드는 사람들이 있어.
"그건 아니에요."라고 제대로 알려 주자.

인권에 대한 대표적인 오해는
"범죄자 인권만 보호한다."는 주장이야.

우리나라에서 더 이상 사형을
집행하지 않아서 범죄자 인권만 보호한다고
생각할 수 있을 거야. 하지만 사형 제도는
결코 완벽하지 않거든.

억울하게 죄를 뒤집어 쓰는 사람이 없도록
마지막에 마지막까지 조심해야 하는데,
사형은 그런 기회를 빼앗아 버리잖아?

"범죄자의 인권도 보호해야 한다." 같은
말을 하는 인권 단체는 없어.
인권 단체들은 오히려 인권 침해에 대한
강력한 처벌을 요구하고 있어.

범죄를 저질러도 처벌하지 않는 것을
'불처벌'이라고 하는데, 인권 침해 사례에는
처벌은커녕 기소조차 안 되는 일이 너무 많아.

다른 사람의 인권을 무시하고
짓밟는 사람들을 철저하게 조사하고
강력하게 처벌하는 것이
인권의 가치를 세우는 일이야.

"페미니즘은 남성 혐오, 여성 우월주의다."라는
주장도 있어. 이것도 물론 틀린 말이야.

여성이 남성에 비해 상대적으로 차별받고
부당한 대우를 받아 왔고
지금도 그런 것은 엄연한 사실이야.

페미니즘은 남성과 동등한 여성의 권리를 요구하는 것이지 남성보다 우월하다거나 남성을 혐오하자는 사상이 아니야.

남자와 여자가 평등하면 남자에게만 부담되는 책임으로부터 남자들도 해방되는 셈이야. '남자라면 이래야지.' 하는 것들로부터 말이야.

짧은 머리는 여성스럽지 않다며 "짧은 머리를 한 여자는 남성 혐오에 빠진 페미니스트다."라고 억지를 부리는 사람들도 있는데

남자든 여자든 자기 모습은 자기가 정하는 거야. 남자라서, 여자라서, 성별 때문에 억울한 일이 생기지 않도록 보호하는 것이 인권의 역할이야.

'개인으로 불릴 권리'란?

우리는 공통점도 있지만,
동시에 모두 다른 사람이야.
이게 무슨 말이냐고?

'일반화의 오류'라는 말을 들어 봤어? 몇 가지 경험이나 사례만 가지고 전체가 다 그럴 것이라고 섣불리 단정 짓고 판단해 버리는 잘못을 말해.

예를 들어, A마을에서 자전거를 두 번 도둑 맞은 어떤 사람이 "A마을에는 다 도둑놈만 사네. A마을 시민은 믿으면 안 되겠어."라고 말하는 거야.

내가 만약 A마을에 사는 사람이라면, 무척 억울하고 화가 나겠지?

나는 안 그럴 것 같지만, 사람은 자신의 경험과 편견에만 근거해 좁은 시선으로 판단해 버리기 쉬워.

그리고 자신이 틀렸다는 사실을
인정하고 싶지 않기 때문에,
일단 한번 판단을 내리면 자기 입맛에 맞는
사례만 골라서 기억하기도 해.

사회적 소수자, 사회적 약자는
바로 이런 일반화의 오류로 인해
'개인으로 불릴 권리'를 빼앗기는 사람들이야.

예를 들어서, 어떤 난민이 범죄를
저질렀다고 해 보자. 많은 사람들이
역시 난민은 위험하다고 들고 일어날 거야.

하지만 한국인이 범죄를 저지르면,
그 내용이 얼마나 끔찍하든 간에
그건 그 사람 개인의 범죄가 될 뿐이야.

더 쉽게 말하면 소수자는
'싸잡히기 쉬운 사람들'이야.
그 사람 개인의 모습보다, 그 사람이 속한
무리가 더 부각되어 싸잡히는 사람들이야.

한 사람을 판단하는 기준이
피부색, 국적, 종교, 성별이 될 수는 없어.
우리 모두는 각자 고유한 개인으로
존재하는 서로 다른 사람이기 때문이야.

하지만 그러한 정체성을 싸잡아서
낙인 찍는 것이 바로
'개인으로 불릴 권리'를 빼앗는 거야.

개인으로 불릴 권리를 공평하게 돌려주는 것,
인권은 거기에서 시작하는 거야.

코로나 시대, 인권이 위협받는다고?

코로나19 바이러스는 사람들의 생명과
건강만 위협하는 게 아니야.
이 전염병은 인권의 가치마저 갉아먹고 있어.

전염병은 늘 그랬어.
병이 옮을 수 있다는 공포 때문에
다른 사람을 기피하게 만들고

병에 걸린 환자들을 마치 병균처럼 여기고
혐오하기도 했어.

전염병의 진정 무서운 점은
병 자체의 위험도 있지만 사람 사이에
불신과 미움을 만든다는 점인지도 몰라.

코로나19 바이러스가 중국 우한에서
시작되었다는 이유 때문에

미국이나 유럽에서 아시아 사람을
겉모습만 보고 차별하고
폭력을 휘두르는 경우가 급증했어.

자기랑 아무 상관도 없는데
소수 인종이나 동성애자, 장애인이나 노약자 등
사회적 약자에게 폭력을 휘두르는 것을
증오 범죄라고 해.

미국에 사는 한국계 여섯 살 소년은
가족과 함께 쇼핑몰에 갔다가 다짜고짜
'백인' 여성에게 폭행당했어.
그 여자는 "중국!"이라고 소리를 질렀다고 해.

인종 차별주의자들의 특징은
겉모습만 보고 사람을 판단한다는 점이야.
아이가 사실은 한국계라는 점은
별로 중요하지 않았을 거야.

코로나 때문에 학교에 가지 못하는 아이들이 늘어나면서, 가난한 가정의 아이들이 교육에서 소외되는 문제도 있어.

코로나로 소득이 줄어든 가정에선 교육비를 줄이고, 가난한 아이들은 인터넷으로 학습할 기회를 얻기도 힘들어.

코로나 때문에 집에 머무는 시간이 늘어난 동안, 가정 폭력을 경험했다고 응답한 어린이들도 늘어나고 있어.

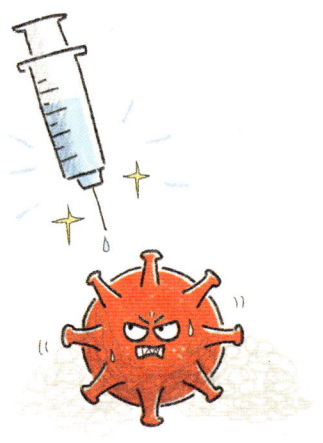

코로나는 이렇게 우리의 인권을 좀먹고 있어. 우리가 애써 발전시켜 온 인권의 가치가 이대로 무너지도록 놔두어선 안 돼.

기후 변화와 인권이 무슨 상관이 있지?

기후 변화의 위기가 인권에 미치는 영향은
이미 너무 명백하고 그것은 앞으로
점점 더 심해질 거야.

예전엔 에어컨 없이도 여름을
버틸 만하다고 했어. 실제로 여름에
더워도 습도가 높지 않은 유럽의 나라들은
에어컨 없이 사는 사람들이 더 많았어.

그러나 이제 기후 변화로 지구는
너무 뜨거워져 버렸어. 기후 변화로
북극 빙하가 녹아 사라지는 것은
북극곰만의 문제가 아니야.

인간이 저지른 환경 파괴로 인해
기온도, 해수면도, 수온도 점점 더 올라가고,
그 결과 자연재해는 훨씬 더 강력해졌어.

최근 몇 년 사이에 여름마다
비정상적으로 뜨거운 폭염이 찾아오고,
대형 산불이 발생하고, 엄청난 홍수가 나서
사람들의 생명과 재산을 앗아 갔어.

한 달 동안 내릴 비가 단 하루 만에 와서 도시 전체가 물에 잠기고, 큰불이 꺼지지 않고 우리나라보다 더 큰 땅을 태워 버리는 일이 자주 발생하고 있어.

기후 위기가 인권의 문제인 이유는 간단해. 사람이라면 누구나 집, 식량, 물을 필요로 하는데 극단적인 자연재해는 이것을 파괴하기 때문이야.

인류의 집이나 다름 없는 지구가 더 이상 우리에게 안전하지 않은 장소가 되어 버리는 셈이야.

사람들이 안전하게 살 수 있는 땅은 점점 더 줄어들고, 쌀과 밀가루 등 작물을 재배할 물이 모자라고, 수시로 큰불과 홍수가 나서 생명을 위협받는 거야.

기후 변화 때문에 자원이 더 비싸고 귀해지면 피해는 더 가난하고 더 힘없는 사람들에게 돌아갈 수 밖에 없어.

어른들보다 앞으로 더 오래 지구에서 살아가야 할 미래 세대인 어린이들에게는 더 심각한 문제인 거야.

지금 당장 정부와 기업들이 기후 변화를 악화시키지 않도록 노력하게끔 요구하고 압박해야만 해.

석유, 가스 같은 화석 연료 대신 친환경 에너지를 더 많이 쓰고, 보다 많은 자원을 재활용하고, 숲이 파괴되는 것을 막아야만 희망이 있어.

어린이가 인권을 위해 할 수 있는 일은?

"모든 사람은 태어날 때부터 자유롭고,
존엄성과 권리에 있어서 평등하다.
사람은 이성과 양심을 부여받았으며
서로에게 인류애의 정신으로 대하여야 한다."
(세계 인권 선언 제1조)

인권의 가장 핵심적인 개념은
모든 사람이 구분 없이 존엄하다는 점이야.
아동 권리 협약에도 이렇게 적혀 있어.

"우리의 부모님이 어떤 사람이건,
어떤 인종이건, 어떤 종교를 믿건,
어떤 언어를 사용하건, 부자건 가난하건,
장애가 있건 없건 모두 동등한 권리를
누려야 합니다."

우리가 평소에 하는 말과 행동이
다른 사람을 차별하지 않는 것만으로도
정말 많은 것을 바꿀 수 있어.

편을 나누지 않는 것도 중요해.
남자와 여자, 서울과 지방, 장애인과 비장애인,
한국인과 외국인을 나누기 전에
우리 모두는 함께 사는 사람이라는 생각.

우리가 보는 글과 영상이,
문제를 해결하기보다는 남 탓으로 돌리고,
갈등을 부추기기만 하는 것은 아닌지도
잘 따져 보자.

때로는 심각한 인권 침해를 겪고 있는
다른 나라 사람들을 보면
무력감이 들 때도 있어.

고통받는 저 사람들을 당장 구하기 위해
도움을 주고 싶지만 할 수 있는 게
별로 없어 보이거든.

인권을 지키고 향상시킨다는 것은
인내심을 가지고 오랜 시간과
공을 들여야 하는 일이야.

그건 나와 내 옆의 이가 아주 먼 곳에 사는
사람의 인권에 관심을 갖는 일이고,
그건 언젠가 다시 나의 인권으로 돌아올 거야.

내가 관심을 가지고 있는 인권 문제에
목소리를 내 보자. 여론을 형성하고,
연대 메시지를 보내고, 관련 활동을 하는
단체를 후원할 수도 있어.

인권의 가치를 드높이는 작품을 만들거나
활동하는 영화인, 아티스트, 기업,
정치인에게 힘을 실어 주고
지지해 주는 것도 도움이 될 거야.

인권이 우리가 살고 있는 이 세계를
더 나은 곳으로 만들 거라는 믿음을 갖고
행동하기를 멈추지 마.

질문❓하는 사전 시리즈④

질문하는
인권 사전

초판 1쇄 발행 2022년 4월 5일 | 초판 2쇄 발행 2022년 12월 16일
글 장덕현 | 그림 간장
펴낸이 홍석 | **이사** 홍성우 | **편집부장** 이정은 | **편집** 박고은·조유진 | **디자인** 권영은 | **외주 디자인** 신영미
마케팅 이송희·한유리·이민재 | **관리** 최우리·김정선·정원경·홍보람·조영행·김지혜
펴낸곳 도서출판 풀빛 | **등록** 1979년 3월 6일 제2021-000055호 | **제조국** 대한민국 | **사용 연령** 8세 이상
주소 서울특별시 강서구 양천로 583 우림블루나인 A동 21층 2110호
전화 02-363-5995(영업) 02-362-8900(편집) | **팩스** 070-4275-0445
전자우편 kids@pulbit.co.kr | **홈페이지** www.pulbit.co.kr
블로그 blog.naver.com/pulbitbooks | **인스타그램** instagram.com/pulbitkids

ISBN 979-11-6172-457-7 74300
ISBN 979-11-6172-057-9 (세트)

ⓒ장덕현, 간장 2022

*책값은 뒤표지에 표시되어 있습니다.   *파본이나 잘못된 책은 구입하신 곳에서 바꿔 드립니다.
*종이에 베이거나 긁히지 않도록 조심하세요.   *책 모서리가 날카로우니 던지거나 떨어뜨리지 마세요.

세계 시민 수업 시리즈

지구촌 시대, 세계를 무대로 살아갈 어린이를 위한 책

한국출판문화산업진흥원 우수출판콘텐츠 선정도서
세종도서 교양부문 선정도서
국제앰네스티 한국지부 추천도서

세계 시민 수업 ❶
난민
왜 목숨 걸고 국경을 넘을까?

난민들이 목숨을 걸고 국경을 넘는 이유를 배우고, 난민들이 어떻게 살아가는지를 알아봅니다. 미래의 희망인 난민 아이들의 삶은 뭉클한 감동을 줍니다.

박진숙 글 | 소복이 그림 | 104쪽

세계 시민 수업 ❷
석유 에너지
전쟁을 일으키는 악마의 눈물

석유는 생활을 편리하게 해 주지만, 환경 오염과 전쟁을 일으키는 무서운 에너지이기도 합니다. 석유를 둘러싼 다양한 문제를 극복할 수 있는 지혜를 배웁니다.

이필렬 글 | 안은진 그림 | 120쪽

세계 시민 수업 ❸
식량 불평등
남아도는 식량, 굶주리는 사람들

전 세계에 식량이 충분한데 10억 명이 굶주림에 시달립니다. 힘센 나라와 거대 기업이 일으키는 문제를 배우고, 우리의 먹거리를 어떻게 지켜 나갈지 알아봅니다.

박병상 글 | 권문희 그림 | 104쪽

세계 시민 수업 ❹
아동 노동
세계화의 비극, 착취당하는 어린이들

전 세계 어린이 중 10퍼센트가 학교 대신 일터로 나가고 있는 충격적인 아동 노동 문제를 알리고, 아동 노동을 없애는 구체적인 방법을 소개합니다.

공윤희·윤예림 글 | 윤봉선 그림 | 132쪽

세계 시민 수업 ❺
환경 정의
환경 문제는 누구에게나 공평할까?

지구 온난화, 기후 변화, 생물종 멸종 등 지구에서 벌어지고 있는 환경 문제를 환경 정의의 눈으로 살피고, 지속 가능한 삶을 위한 대안을 알아봅니다.

장성익 글 | 이광익 그림 | 120쪽

세계 시민 수업 ❻
빈곤
풍요의 시대, 왜 여전히 가난할까?

전 세계가 함께 해결해야 할 빈곤. 아무리 열심히 일해도 가난에서 벗어나지 못하는 이들의 이야기를 살피고, 빈곤을 없애기 위해 해결해야 할 것이 무엇인지 알아봅니다.

윤예림 글 | 정문주 그림 | 136쪽

세계 시민 수업 ❼
혐오와 인권
혐오 표현이 왜 문제일까?

우리 사회에 만연한 '혐오 표현'을 통해 '혐오'가 무엇인지 살핍니다. 혐오로부터 시작되는 차별, 그로 인한 갈등과 폭력. 혐오가 일으키는 문제와 대안을 알아봅니다.

장덕현 글 | 윤미숙 그림 | 120쪽

세계 시민 수업 ❽
평화
평화를 빼앗긴 사람들

우리나라 1호 평화학 박사인 정주진 작가는 평화를 빼앗긴 사람들의 삶에 초점을 맞춰 평화가 무엇인지, 평화를 방해하는 것이 무엇인지 알려 줍니다.

정주진 글 | 이종미 그림 | 136쪽

세계 시민 수업 ❾
다문화 사회
다양성을 존중하는 우리

한민족과 다문화 사회에 대한 우리 안의 편견을 알아봅니다. 다양한 문화를 존중하는 사회가 모두가 살기 좋은 사회라는 것을 깨달을 것입니다.

윤예림 글 | 김선배 그림 | 128쪽

세계 시민 수업 ❿
세계 시민
참여와 실천으로 세상을 바꾸다

세계화의 양면을 알려 주며, 모두를 위협할 수 있는 세계화의 그늘 속에서 우리가 어떤 선택을 하고 어떤 가치관을 품어야 할지 이야기합니다.

장석익 글 | 오승민 그림 | 132쪽